Friedrich Schiller
Ein jeder gibt den Wert sich selbst

Friedrich Schiller

Ein jeder gibt den Wert sich selbst

Lebensweisheiten aus Wilhelm Tell, Maria Stuart und Wallenstein

Illustriert von Jutta Mirtschin

Steffen Verlag

Ausgewählt von Wolfgang Mahlow

Wilhelm Tell

Wo's nottut, ... lässt sich alles wagen.
TELL

Vom sichern Port lässt sich's gemächlich raten.
ROUDI

Ein furchtbar wütend Schrecknis ist
Der Krieg; die Herde schlägt er und den Hirten.
STAUFFACHER

Der kluge Mann baut vor.
GERTRUD

Ans Vaterland, ans teure, schließ dich an,
Das halte fest mit deinem ganzen Herzen.
ATTINGHAUSEN

Was Hände bauten, können Hände stürzen.
TELL

Dann erst genieß' ich meines Lebens recht,
Wenn ich mir's jeden Tag aufs Neu' erbeute.
TELL

Dem Schwachen ist sein Stachel auch gegeben.
TELL

Wer durchs Leben
Sich frisch will schlagen, muss zu Schutz und Trutz
Gerüstet sein.
TELL

Rasch tritt der Tod den Menschen an,
Es ist ihm keine Frist gegeben;
Es stürzt ihn mitten in der Bahn,
Es reißt ihn fort vom vollen Leben
BARMHERZIGE BRÜDER

Der fremde Zauber reißt die Jugend fort, ...
ATTINGHAUSEN

Es kann der Frömmste nicht im Frieden bleiben,
Wenn es dem bösen Nachbarn nicht gefällt.
TELL

Dem Friedlichen gewährt man gern den Frieden.
TELL

Wer gar zu viel bedenkt, wird wenig leisten.
TELL

Schrecklich immer,
Auch in gerechter Sache, ist Gewalt.
REDING

Zu weit getrieben,
Verfehlt die Strenge ihres weisen Zwecks,
Und allzu straff gespannt, zerspringt der Bogen.
RUDENZ

Verbunden werden auch die Schwachen mächtig.
STAUFFACHER

Die Zeit bringt Rat. Erwartet's in Geduld.
Man muss dem Augenblick auch was vertrauen.
REDING

Der brave Mann denkt an sich selbst zuletzt, …
TELL

Maria Stuart

Verachtung ist der wahre Tod.
LEICESTER

... eines Mannes Tugend
Erprobt allein die Stunde der Gefahr.
MARIA

Man kann den Menschen nicht verwehren,
Zu denken, was sie wollen.

PAULET

Nicht der laute,
Nur der gerechte Tadel kann verletzen.
Paulet

In großes Unglück lernt ein edles Herz
Sich endlich finden; aber wehe tut's,
Des Lebens kleine Zierden zu entbehren.
Kennedy

Die Meinung hält es
Mit dem Unglücklichen, es wird der Neid
Stets den obsiegend Glücklichen verfolgen.
Burleigh

Sobald du willst, in jedem Augenblick
Kannst du erproben, dass dein Wille frei ist.
Talbot

www.steffen-verlag.de

Liebe Leserin, lieber Leser,

vielen Dank für Ihr Interesse an unseren Publikationen. Wenn Sie diese Karte ausgefüllt an uns zurücksenden (siehe Rückseite), erhalten Sie kostenlos unseren aktuellen Kundenprospekt sowie unseren Newsletter mit Neuigkeiten, Verlosungen u.v.m.
Sie können diese Karte auch im Internet ausfüllen unter www.steffen-verlag.de/leserkarte.

Diese Karte habe ich folgendem Buch entnommen: ....

Wo haben Sie das Buch gekauft/wurden Sie auf das Buch aufmerksam? ....

Ich interessiere mich für folgende Themen:

- ○ Belletristik
- ○ Literarische Geschenkbücher
- ○ Ratgeber
- ○ Bewusster leben
- ○ Hans Fallada
- ○ Sachbuch & Biografie
- ○ Naturbücher
- ○ Geschichte zur Region
- ○ Bildbände
- ○ Humor-Geschenkbücher
- ○ ....

✂ Unter allen Einsendern eines Monats verlosen wir ein Buch aus unserem Programm, das Ihren Interessen entspricht. (Der Rechtsweg ist ausgeschlossen. Ab 18 Jahre.)

Name, Vorname

Straße

PLZ, Ort

Alter   Beruf

Bitte senden Sie mir kostenlos zu:
- **Kundenprospekt**   ○ **Newsletter**
- gedruckt   (8 x im Jahr)
- per E-Mail

E-Mail-Adresse

Sämtliche Angaben werden vertraulich behandelt und nicht an Dritte weitergegeben.

Antwort

Steffen Verlag GmbH
Berliner Allee 38
13088 Berlin

Bitte ausreichend frankieren

01/18

Wie sich
Die Neigung anders wendet, also steigt
Und fällt des Urteils wandelbare Woge.
TALBOT

Das Leben ist
Nur ein Moment, der Tod ist auch nur einer!
MORTIMER

Das ist das Fluchgeschick der Könige,
Dass sie, entzwei, die Welt in Hass zerreißen
Und jeder Zwietracht Furien entfesseln.
MARIA

... der Neid
Hat scharfe Augen.
LEICESTER

Wehe
Dem armen Opfer, wenn derselbe Mund,
Der das Gesetz gab, auch das Urteil spricht!
MARIA

Es bringt
Nicht gute Frucht, wenn Hass dem Hass begegnet.
SHREWSBURY

Was man *scheint,*
Hat jedermann zum Richter, was man ist, hat keinen.
ELISABETH

O, der ist noch nicht König, der der Welt
Gefallen muss! Nur der ist's, der bei seinem Tun
Nach keines Menschen Beifall braucht zu fragen.
ELISABETH

WALLENSTEIN

Ein großes Muster weckt Nacheiferung
Und gibt dem Urteil höhere Gesetze.
PROLOG

Dem Mimen flicht die Nachwelt keine Kränze; ...
PROLOG

Einer Dirne schön Gesicht
Muss allgemein sein, wie's Sonnenlicht.
ZWEITER JÄGER

Was man nicht alles für Leute kennt,
Und wie die Zeit von dannen rennt. –
Was werd' ich noch alles erleben müssen!
ERSTER JÄGER

Ernst ist das Leben, heiter ist die Kunst.
PROLOG

Denn nur vom Nutzen wird die Welt regiert.
TERZKY

Auf das Unrecht, da folgt das Übel,
Wie die Trän auf den herben Zwiebel, ...
KAPUZINER

Du red'st, wie du's verstehst.
WALLENSTEIN

Die Menschen, in der Regel,
Verstehen sich aufs Flicken und aufs Stückeln
Und finden sich in ein verhasstes Müssen
Weit besser als in eine bittre Wahl.
ILLO

Das Spiel des Lebens sieht sich heiter an,
Wenn man den sichern Schatz im Herzen trägt, ...
THEKLA

Es gibt im Menschenleben Augenblicke,
Wo er dem Weltgeist näher ist als sonst
Und eine Frage frei hat an das Schicksal.
WALLENSTEIN

> Es können sich
> Nur wenige regieren, den Verstand
> Verständig brauchen – Wohl dem Ganzen, findet
> Sich einmal einer, der ein Mittelpunkt
> Für viele Tausend wird, ein Halt; ...
>
> <small>MAX</small>

> Des Menschen Wille, das ist sein Glück.
>
> <small>ZWEITER JÄGER</small>

> Es ist der Krieg ein roh, gewaltsam Handwerk.
>
> <small>ILLO</small>

> Was ist der langen Rede kurzer Sinn?
>
> <small>QUESTENBERG</small>

> Spät kommt Ihr – doch Ihr kommt!
>
> <small>ILLO</small>

Der Krieg ernährt den Krieg.
Isolani

Böses Gewerbe bringt bösen Lohn.
Wachtmeister

Das Schwert ist kein Spaten, kein Pflug,
Wer damit ackern wollte, wäre nicht klug.
Erster Kürassier

Die Straße, die der Mensch befährt,
Worauf der Segen wandelt, diese folgt
Der Flüsse Lauf, der Täler freien Krümmen,
Umgeht das Weizenfeld, den Rebenhügel,
Des Eigentums gemessne Grenzen ehrend –
So führt sie später, sicher doch zum Ziel.
Octavio

Es gibt
Noch höhern Wert ... als kriegerischen;
Im Kriege selber ist das Letzte nicht der Krieg.

OCTAVIO

Wer nichts waget, der darf nichts hoffen.

WACHTMEISTER

Denn hört der Krieg im Kriege nicht schon auf,
Woher soll Friede kommen?

MAX

Die großen, schnellen Taten der Gewalt,
Des Augenblicks erstaunenswerte Wunder,
Die sind es nicht, die das Beglückende,
Das ruhig, mächtig Dauernde erzeugen.

OCTAVIO

So wie gewonnen, so ist's zerstoben.
BAUER

Und setztet ihr nicht das Leben ein,
Nie wird euch das Leben gewonnen sein.
CHOR

Der Wein erfindet nichts, er schwatzt nur aus.
ISOLANI

Die hohe Flut ist's, die das schwere Schiff
Vom Strande hebt – und jedem Einzelnen
Wächst das Gemüt im großen Strom der Menge.
ILLO

… in der Hitze des Verfolgens
Verliert man bald den Anfang aus den Augen.
ILLO

O! Der ist aus dem Himmel schon gefallen,
Der an der Stunden Wechsel denken muss!
Die Uhr schlägt keinem Glücklichen.
MAX

Die Fabel ist der Liebe Heimatwelt,
Gern wohnt sie unter Feen, Talismanen,
Glaubt gern an Götter, weil sie göttlich ist.
MAX

O schöner Tag, wenn endlich der Soldat
Ins Leben heimkehrt, in die Menschlichkeit, …
MAX

Doch einen Stachel gab Natur dem Wurm,
Den Willkür übermütig spielend tritt.
BUTTLER

Nicht Rosen bloß, auch Dornen hat der Himmel.
Gräfin

Das eben ist der Fluch der bösen Tat,
Dass sie, fortzeugend, immer Böses muss gebären.
Octavio

Verflucht, wer mit dem Teufel spielt!
Wallenstein

Auch die Tugend
Hat ihre Helden, wie der Ruhm, das Glück.
Gräfin

Ernst ist der Anblick der Notwendigkeit.
Nicht ohne Schauder greift des Menschen Hand
In des Geschicks geheimnisvolle Urne.
Wallenstein

Denn recht hat jeder eigene Charakter,
Der übereinstimmt mit sich selbst; ...
Gräfin

Stets ist die Sprache kecker als die Tat, ...
Octavio

Nicht, was lebendig, kraftvoll sich verkündigt,
Ist das gefährlich Furchtbare. Das ganz
Gemeine ist's, das ewig Gestrige,
Was immer war und immer wiederkehrt
Und morgen gilt, weil's heute hat gegolten!
Wallenstein

Der Jugend glückliches Gefühl ergreift
Das Rechte leicht, ...
Wallenstein

Nicht hoffe, wer des Drachen Zähne sät,
Erfreuliches zu ernten. Jede Untat
Trägt ihren eignen Rache-Engel schon,
Die böse Hoffnung, unter ihrem Herzen.
Wallenstein

Nichts ist so hoch, wonach der Starke nicht
Befugnis hat, die Leiter anzusetzen.
Buttler

… wo von zwei gewissen Übeln eins
Ergriffen werden muss, wo sich das Herz
Nicht ganz zurückbringt aus dem Streit der Pflichten,
Da ist es Wohltat, keine Wahl zu haben,
Und eine Gunst ist die Notwendigkeit.
Wallenstein

Schnell fertig ist die Jugend mit dem Wort, ...
WALLENSTEIN

Ja, wer durchs Lebens gehet ohne Wunsch,
Sich jeden Zweck versagen kann, der wohnt
Im leichten Feuer mit dem Salamander
Und hält sich rein im reinen Element.
WALLENSTEIN

O! nimm der Stunde wahr, eh sie entschlüpft.
So selten kommt der Augenblick im Leben,
Der wahrhaft wichtig ist und groß.
ILLO

Der Mensch ist ein nachahmendes Geschöpf,
Und wer der Vorderste ist, führt die Herde.
WALLENSTEIN

Was ist das Leben ohne Liebesglanz?
THEKLA

Daran erkenn' ich meine Pappenheimer.
WALLENSTEIN

Leutselig macht das Missgeschick, die Schuld,
Und schmeichelnd zum geringern Manne pflegt
Gefallner Stolz herunter sich zu beugen; ...
GORDON

Ja, der verdient, betrogen sich zu sehn,
Der Herz gesucht bei dem Gedankenlosen!
WALLENSTEIN

... die Menge
Geht nach dem Glück.
WALLENSTEIN

Wenn Haupt und Glieder sich trennen,
Da wird sich zeigen, wo die Seele wohnte.
WALLENSTEIN

Ein jeder gibt den Wert sich selbst.
BUTTLER

Das Geheimnis
Ist für die Glücklichen; das Unglück braucht,
Das hoffnungslose, keinen Schleier mehr,
Frei, unter tausend Sonnen kann es handeln.
MAX

Denn was verschmerzte nicht der Mensch! Vom Höchsten
Wie vom Gemeinsten lernt er sich entwöhnen,
Denn ihn besiegen die gewalt'gen Stunden.
WALLENSTEIN

Nicht
Das Große, nur das Menschliche geschehe.
Max

Streben wir nicht allzu hoch
Hinauf, dass wir zu tief nicht fallen mögen.
Herzogin

Denn Krieg ist ewig zwischen List und Argwohn,
Nur zwischen Glauben und Vertraun ist Friede.
Wallenstein

Zu Henkers Dienst drängt sich kein edler Mann.
Gordon

Es ist nicht wohlgetan,
Zum Führer den Verzweifelnden zu wählen.
Max

Wo viel Freiheit, ist viel Irrtum,
Doch sicher ist der schmale Weg der Pflicht.
BUTTLER

... wo große Höh', ist große Tiefe.
GORDON

Den Menschen macht sein *Wille* groß und klein, ...
BUTTLER

Frei geht das Unglück durch die ganze Erde!
THEKLA

Wie sich der Sonne Scheinbild in dem Dunstkreis
Malt, eh sie kommt, so schreiten auch den großen
Geschicken ihre Geister schon voran,
Und in dem Heute wandelt schon das Morgen.
WALLENSTEIN

Denn nur der große Gegenstand vermag
Den tiefen Grund der Menschheit aufzuregen,
Im engen Kreis verengert sich der Sinn,
Es wächst der Mensch mit seinen größern Zwecken.
PROLOG

Man hat Exempel,
Dass man den Mord liebt und den Mörder straft.
DEVEROUX

Furcht soll das Haupt des Glücklichen umschweben,
Denn ewig wanket des Geschickes Waage.
GORDON

Denn über alles Glück geht doch der Freund,
Der's fühlend erst erschafft, der's teilend mehrt.
WALLENSTEIN

Mit leichtem Mute knüpft der arme Fischer
Den kleinen Nachen an im sichern Port,
Sieht er im Sturm das große Meerschiff stranden.
GORDON

Jutta Mirtschin

1949 in Chemnitz geboren, lebt und arbeitet in Berlin
1968 Abendakademie, Hochschule für Grafik und Buchkunst Leipzig
1969 bis 1976 Studium, Aspirantur an der Kunsthochschule Berlin-Weißensee
1982 bis 1985 Meisterschülerin an der Akademie der Künste Berlin
1997 bis 2003 Lehraufträge an den Design Schulen Anklam und Schwerin

Seit 1974 arbeitet Jutta Mirtschin als Malerin,
stattet Stücke fürs Theater aus und gestaltet Theaterplakate.
Ihre besondere Liebe aber gilt der Illustration. Mit zauberhaft hintersinnigen
Illustrationen gestaltet sie Bücher für Kinder und Erwachsene,
die in zahlreichen Verlagen erscheinen.

In Sammlungen Akademie der Künste Berlin.
Staatsbibliothek zu Berlin, Stiftung Preußischer Kulturbesitz.
Staatliches Museum Schwerin, Kunstsammlungen, Schlösser und Gärten.
Staatliche Museen zu Berlin, Stiftung Preußischer Kulturbesitz, Kunstbibliothek.
Staatliche Kunstsammlungen Dresden, Puppentheatersammlung.
Brandenburgische Kulturstiftung Cottbus, Kunstmuseum dkw.
Sorbisches Museum Bautzen, Kunstsammlung.
Slowakische Nationalgalerie Bratislava.

Friedrich Schiller

1759 in Marbach am Neckar geboren
1773 Eintritt in die Carlsschule («Militär-Pflanzschule»)
1776 Wechsel zum Medizinstudium nach anfänglichem Jurastudium
ab 1780 Regimentsmedikus in Stuttgart

1782 Uraufführung der «Räuber»; Flucht aus Württemberg
1784 Rede «Vom Wirken der Schaubühne auf das Volk»
1784 Ernennung zum Weimarischen Rat durch Herzog Karl August
von Sachsen-Weimar-Eisenach

1788 Begegnung mit Goethe, 1794 Beginn der Freundschaft

1789 Übersiedlung nach Jena; auf Empfehlung Goethes Berufung zum außerordentlichen Professor der Universität Jena, u. a. Vorlesungen über Universalgeschichte

1790 bis 1792 Druck der dreiteiligen «Geschichte des Dreißigjährigen Kriegs»

Uraufführungen am Weimarer Theater:
«Wallensteins Lager» (1798), «Die Piccolomini» und «Wallensteins Tod» (1799),
«Maria Stuart» (1800), «Wilhelm Tell» (1804)

1805 gestorben in Weimar

Weitere Bände dieser Reihe

Illustriert von Otto Sander Tischbein *Illustriert von Harald Larisch* *Illustriert von Jutta Mirtschin*

Illustriert von Jutta Mirtschin *Illustriert von Jutta Mirtschin*

eweils 60 Seiten, Festeinband, 14 x 14 cm, durchgehend illustriert

Illustriert von Joe Villion

Illustriert von Harald Larisch

Illustriert von Doreen Steinke

Illustriert von Jutta Mirtschin

Illustriert von Jutta Mirtschin

Impressum

1. Auflage 2019
Steffen Verlag GmbH
Berliner Allee 38 / 13088 Berlin
Telefon 030. 41 93 50 14
www.steffen-verlag.de / info@steffen-verlag.de

Illustrationen / Jutta Mirtschin, Berlin
Layout und Kolorierung / Uwe Häntsch, Berlin
Herstellung / Steffen Media, Friedland, Berlin, Usedom
www.steffen-media.de

ISBN 978-3-95799-080-8

Editorische Notiz:
Die Textsammlung folgt der Ausgabe: Schillers sämtliche Werke,
vollständig in vier Bänden. Zweiter Band, Stuttgart,
Verlag der J. W. Cotta'schen Buchhandlung, 1879;
der Text wurde der neuen deutschen Rechtschreibung angepasst.

Die Deutsche Nationalbibliothek verzeichnet
diese Publikation in der Deutschen Nationalbibliografie
– detaillierte bibliografische Daten sind im Internet abrufbar
unter http://dnb.d-nb.de